性を磨く、難読漢字

# 大人の教養
# 漢字ドリル

## 漢字知識と地名・人名

つちや書店

大人の教養
# 漢字ドリル
**漢字知識と地名・人名**

# 目次

## 第一章 漢字知識 一文字編

## 第二章 漢字知識 二文字編

## 第三章 漢字知識 教養編

## 第四章 漢字知識あらかると編

## 第五章 地名・人名編

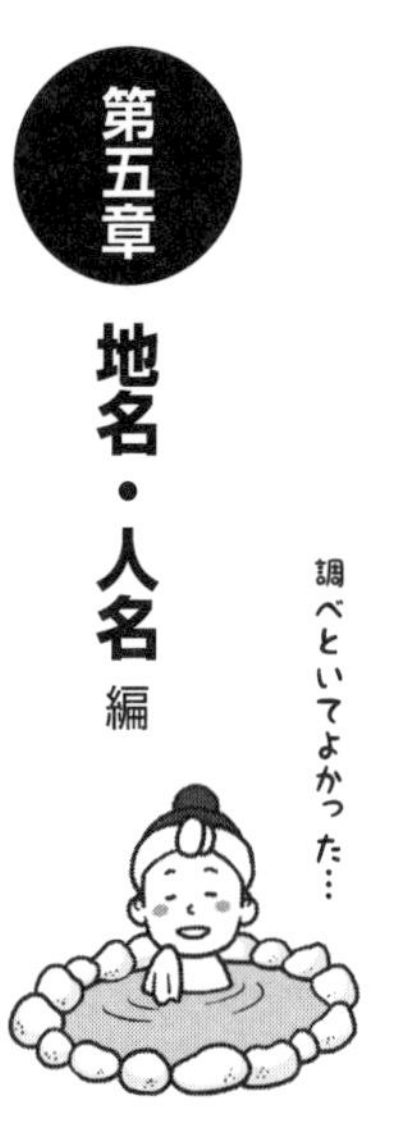

# 漢字知識【一文字】編

第

漢字

ちょっとひといきコラム①

# 漢字の成り立ちは？

古代中国・殷《いん》の時代に、亀の甲羅などに刻まれた「甲骨文字」が、漢字の始まりといわれています。

その後、青銅器に鋳込まれた「金文」ができ、秦《しん》の始皇帝が字体を統一して「小篆《しょうてん》」が登場しました。そして、現在使われている漢字に、ほぼ近い書体が生まれたのは、漢の時代といわれています。

後漢の許慎《きょしん》は、『説文解字《せつもんかいじ》』の中で、漢字の成り立ちを「象形・指事・会意・形声・転注・仮借《かしゃ》」の六種に分類しました。これを六書《りくしょ》といいます。この『説文解字』をもとに、数多くの漢字辞典が作られました。

## 問題 [一字の語]

| | | |
|---|---|---|
| 嘴 | 筏 | 楔 |
| 谺 | 凪 | 紲 |
| 輩 | 涎 | 禊 |
| 糒 | 轡 | 澱 |

← 解答は次ページ

# 解答

くさび

いかだ

くちばし

きずな

なぎ

こだま

みそぎ

よだれ

ともがら

おり

くつわ

ほしいい

## 問題 [難訓語① (ふりがなを含まず)]

| | | |
|---|---|---|
| 囀る | 擽る | 繙く |
| 贖う | 縋る | 威す |
| 耄る | 質す | 訝る |
| 嘯く | 唆す | 発く |

← 解答は次ページ

# 解答

さえずる

くすぐる

ひもとく

あがなう

すがる

おどす

むしる

ただす

いぶかる

うそぶく

そそのかす

あばく

← 解説を次ページで確認しましょう

# 解説

## 《其の一》

### 囀る　さえずる

鳥がしきりに鳴く。女や子どもなどがぺちゃくちゃしゃべる。

### 擽る　くすぐる

皮膚の敏感な部分を刺激し、むずむずして笑いたくなるような気持ちを起こさせる。

### 繙く　ひもとく

巻物の紐《ひも》をほどいて広げるという意味から、書物を開いて読むこと。

### 贖う　あがなう

罪の償いをする。罪ほろぼしをする。

### 縋る　すがる

つかまって頼りとする。よりかかる。とりつく。

### 威す　おどす

言うことをきかせ、自分に従わせようとして、こわがらせること。

## 解説

## 《其の二》

**毟る《むしる》**

はえているものをつかんで引き抜く。魚などの身をほぐす。

**質す《ただす》**

たずねて確かめること。質問すること。「専門家に質す」など。

**訝る《いぶかる》**

不審に思う。疑わしく思う。はっきりしないために、おぼつかなく思う。

**嘯く《うそぶく》**

大きなことを言う。とぼけて知らん顔をする。

**唆す《そそのかす》**

よからぬ行動をするよう、相手をおだてて誘い、その気になるようにすすめる。

**発く《あばく》**

他人の秘密や悪事などを探り出して公表する。土などを掘り返して隠されている物を取り出す。

## 問題

### [難訓語②(ふりがなを含まず)]

轢く

哮る

雪ぐ

論う

躱す

中る

捌く

括る

嘶く

阿る

戦く

扱く

← 解答は次ページ

# 解答

ひく

たける

そそぐ

あげつらう

かわす

あたる

さばく

くくる

いななく

おもねる

おののく

しごく

← 解説を次ページで確認しましょう

# 解説

## 《其の一》

### 轢く　ひく

車輪が人や動物、物などの上を踏みつけて通り過ぎる。

### 哮る　たける

けものなどが荒々しくほえる。対して「猛《たけ》る」は、荒々しく行動することを表す。

### 雪ぐ　そそぐ

汚名や恥などの償いをする。恨みをはらす。穢《けが》れを清める。不名誉を取り除くという意味。

### 論う　あげつらう

物事の理非、可否を論じ合う。欠点などをことさらに言い立てる。

### 躱す　かわす

身をひるがえして避ける。比喩的に使って相対することを避ける。「矛先を躱す」など。

### 中る　あたる

対象や場所に狙いどおりにぶつかる。命中する。予想予測が的中する。中毒する。

# 解説

## 《其の二》

### 捌《さば》く

混乱したものを解きほぐす。鳥・魚などを切り分ける。物事を手際よく処理する。商品を売りつくす。

### 括《くく》る

束ねる。しめる。しばる。ばらばらなものをひとつにまとめる。全体をまとめる。

### 嘶《いなな》く

「い」は、馬の鳴き声。ひーんと馬が声高く鳴くこと。

### 阿《おもね》る

人の気に入るように振る舞う。へつらう。

### 戦《おのの》く

おそれ震える。恐怖、寒さ、興奮などでぶるぶると震える。わななく。

### 扱《しご》く

細長い物を握り、もう一方の手で引き抜くように強く手前に引く。厳しく鍛えること。

## 問題

［形容詞（ふりがなを含まず）］

諄い

劇しい

逞しい

堆い

賤しい

労しい

遽しい

疚しい

思しい

斉い

夥しい

悍ましい

← 解答は次ページ

# 解答

くどい

はげしい

たくましい

うずたかい

いやしい

いたわしい

あわただしい

やましい

おぼしい

しわい

おびただしい

おぞましい

← 解説を次ページで確認しましょう

# 解説

## 《其の一》

### 諄い　くどい

話が長々しくて、わずらわしく感じられる。食べ物の味付けがしつこい。色や柄がどぎつい。

### 劇しい　はげしい

勢いがたいへん強い。程度がはなはだしい。熱烈である。

### 逞しい　たくましい

がっしりしていて強そうに見える。意志が強くて、くじけない。勢いが盛んである。

### 堆い　うずたかい

積み重なって高く盛り上がっている。

### 賤しい　いやしい

身分や社会的地位が低い。下品である。貧しい。食べ物や金銭に対して貪欲である。

### 労しい　いたわしい

気の毒に感じられて同情しないではいられない。不憫《ふびん》である。

# 解説

## 《其の二》

**遽しい《あわただしい》**

あれこれすることがあって、忙しい。落ち着かなくせわしない。周囲の状況が激しく変化する。

**疚しい《やましい》**

良心に恥じる所がある。うしろぐらい。

**思しい《おぼしい》**

～と思われる。～のように見える。「犯人と思しき男」など。

**吝い《しわい》**

金銭などを惜しんでなかなか出そうとしない。しみったれ。

**夥しい《おびただしい》**

数や量が非常に多い。程度がはなはだしい。

**悍ましい《おぞましい》**

身ぶるいするほど、いやな感じがする。恐ろしい。

## 問題

### [副詞（ふりがなを含まず）]

| | | |
|---|---|---|
| 恣に | 抑も | 偏に |
| 頗る | 曾て | 恰も |
| 寧ろ | 漸く | 因みに |
| 頓に | 忽ち | 而して |

← 解答は次ページ

## 解答

| | | |
|---|---|---|
| ほしいままに | そもそも | ひとえに |
| すこぶる | かつて | あたかも |
| むしろ | ようやく | ちなみに |
| とみに | たちまち | しこうして |

←解説を次ページで確認しましょう

# 解説

## 《其の一》

### 恣に《ほしいままに》

やりたいままに（振る舞う）。自分の思いどおりに（ことを行う）。

### 抑も《そもそも》

ある事柄を、また改めて説き起こすときに文頭に用いる語。いったい。さて。

### 偏に《ひとえに》

一重《ひとえ》にと同じ。ひたすら。いちずに。もっぱら。ただそのことだけを行うさま。

### 頗る《すこぶる》

おびただしく。はなはだ。よほど。普通の程度をたいそう超えて。「頗る付きの美人」など。

### 曾て《かつて》

以前に。昔。（あとに打ち消しの語を伴って）今まで一度も。ついぞ。

### 恰も《あたかも》

まるで。ちょうど。よく似ている物事にたとえて形容する語。「恰も、～のようだ」など。

# 解説

## 《其の二》

### 寧ろ《むしろ》

二つのもののうち、こちらを選ぶという気持ちを表す。どちらかといえば。いっそ。

### 漸く《ようやく》

しだいに。だんだんと。ついに。とうとう。やっとのことで。かろうじて。

### 因みに《ちなみに》

ついでに言えば。それに関連して。本筋から離れた事柄を言い添えるときにいう語。

### 頓に《とみに》

急に。にわかに。古くは、あとに否定の語を伴う場合が多い。

### 忽ち《たちまち》

にわかに。瞬く間に。突然起こるさま。一説に、立って待っているうちに、という意味もある。

### 而して《しこうして》

「そうして　そして　それから」の文語的な言葉。しかくしての音変化。

## ちょっとひといきクイズ❶

## 《問 題》

# 間違いを見破れ！

　以下の文章には、よくある漢字間違いが含まれています。間違っているところを正しく直してみましょう！

**① あの人は几張面な性格だ。**

**② 危機一発のところを救い出された。**

**③ 社長の決済を仰ぐ。**

**④ 過去を精算して再出発する。**

気になる答えは…？

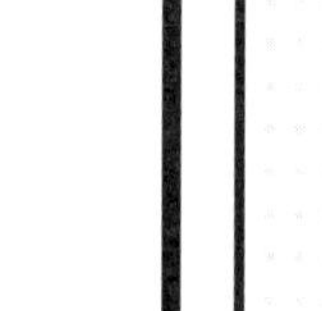

## ちょっとひといきクイズ❶

## 《解 答》

① あの人は几帳面な性格だ。

② 危機一髪のところを
救い出された。

③ 社長の決裁を仰ぐ。

④ 過去を清算して再出発する。

漢字ドリル

# 第二章

# 漢字知識【二文字】編

ちょっと ひといき コラム ②

# 象形・指事・会意・形声文字とは？

「川」や「山」などのように、もののの形から生まれた字が「象形文字」です。

「指事文字」は、絵にしにくい抽象的なことを書き表した字。「一」「二」「三」などの数字や、横棒と点からなる「上」や「下」などがあります。

人と木で「休」、日と月で「明」など、象形文字や指事文字を組み合わせてつくった字が「会意文字」です。

「形声文字」は、意味を表す部分と音を表す部分を組み合わせた字。「澄みきった」という意味のある「青」と「日」で「晴」、「米」と合わせると「精」となり、音読みはどちらも「セイ」です。現在、形声文字が、漢字の80％以上を占めるといわれています。

甲骨文字 ↓ 山

甲骨文字 ↓ 上

# 問題　[二字熟語①]

| | | |
|---|---|---|
| 一掬 | 塩梅 | 逼迫 |
| 贔屓 | 蠱惑 | 放恣 |
| 打擲 | 瑕疵 | 忖度 |
| 斥候 | 睥睨 | 韜晦 |

←解答は次ページ

# 解答

ひっぱく

あんばい

いっきく

ほうし

こわく

ひいき

そんたく

かし

ちょうちゃく

とうかい

へいげい

せっこう

← 解説を次ページで確認しましょう

# 解説

## 《其の一》

### 逼迫　ひっぱく

行き詰まって、ゆとりがない状態になること。

### 塩梅　あんばい

料理の味加減。塩と梅酢で味つけしたことから転じて、物事や身体の調子のこと。

### 一掬　いっきく

両手で一掬《ひとすく》いする程度のこと。ほんの少し。水。元は、両手にいっぱいという意味。「一掬の涙」など。

### 放恣　ほうし

勝手気までしまりがない。「恣」は、ほしいままという意味。

### 蠱惑　こわく

人の心を引き付けまどわすこと。たぶらかすこと。

### 贔屓　ひいき

自分の気に入った者に肩入れし、目をかけること。

## 解説

## 《其の二》

**忖度**《そんたく》

他人の気持ちをおしはかること。推察。「忖」も「度」も、はかるという意味。

**瑕疵**《かし》

きず。欠点。法的に、人の行為や物などに何らかの欠陥、欠点があること。

**打擲**《ちょうちゃく》

棒や笞《むち》などで、打ちたたくこと。なぐること。

**韜晦**《とうかい》

自分の才能・地位・形跡などをつつみかくすこと。人の目をくらますこと。

**睥睨**《へいげい》

横目でじろりと見ること。あたりを睨《にら》みつけ、威圧すること。

**斥候**《せっこう》

敵の動静や地形などをひそかに探るために、部隊から派遣する小人数の兵。

# 問題　[二字熟語②]

| | | |
|---|---|---|
| 無辜 | 昵懇 | 蘊蓄 |
| 偏頗 | 困憊 | 杜撰 |
| 顰蹙 | 炯眼 | 跋扈 |
| 闖入 | 慫慂 | 訥弁 |

← 解答は次ページ

# 解答

うんちく

じっこん

むこ

ずさん

こんぱい

へんぱ

ばっこ

けいがん

ひんしゅく

とうべん

しょうよう

ちんにゅう

← 解説を次ページで確認しましょう

# 解説

## 《其の一》

### 蘊蓄《うんちく》

蓄えた深い学問や知識。その知識をとうとうと語ることを「蘊蓄を傾ける」という。

### 昵懇《じっこん》

間柄がたいへん親しいことやそうした様子。心やすいこと。

### 無辜《むこ》

罪のないこと。また、その人。「辜」は、罪という意味。

### 杜撰《ずさん》

著作物で、典拠などが正確でないこと。あやまりが多いこと。いいかげんなさま。

### 困憊《こんぱい》

苦しみ疲れはてること。「憊」は、疲れるという意味。

### 偏頗《へんぱ》

考え方や立場などが偏《かたよ》っていること。不公平なこと。えこひいき。

## 解説 《其の二》

### 跋扈《ばっこ》

我がもの顔に振る舞う。「跋」は踏む、「扈」は魚をとる竹籠。魚が籠に入らず踊り跳ねることから。

### 炯眼《けいがん》

鋭く光る目。物事をはっきりと見抜く力。眼力が鋭いこと。

### 顰蹙《ひんしゅく》

顔を顰《しか》めて不快な気持ちを表すこと。眉を顰《ひそ》めるさま。

### 訥弁《とつべん》

つかえたりして、なめらかでない下手な話し方。

### 慫慂《しょうよう》

他の人が、傍《かたわら》から勧めて、そうするように仕向けること。そそのかすこと。

### 闖入《ちんにゅう》

ことわりもなく突然はいり込むこと。「闖」は、突然現れるという意味。

# 問題　[二字熟語③]

| | | |
|---|---|---|
| 暢気 | 木石 | 饒舌 |
| 老獪 | 吝嗇 | 剽軽 |
| 貪婪 | 磊落 | 気障 |
| 懶惰 | 晩稲 | 粗忽 |

← 解答は次ページ

# 解答

じょうぜつ

ぼくせき

のんき

ひょうきん

けち

ろうかい

きざ

らいらく

どんらん

そこう

おくて

らんだ

← 解説を次ページで確認しましょう

# 解説

## 《其の一》

**饒舌**《じょうぜつ》

多弁。やたらにしゃべること。口数が多いこと。「饒」は、あり余るほど多いという意味。

**木石**《ぼくせき》

木や石のように、人情を解しない者のたとえ。

**暢気**《のんき》

性格がのんびりしていて、物事に頓着しないさま。

**剽軽**《ひょうきん》

気軽で、滑稽なようす。おどけた感じ。

**吝嗇**《けち》

極端に物惜しみすること。けち。しみったれ。「吝」も「嗇」も、惜しみしぶるという意味。

**老獪**《ろうかい》

世俗の経験を長く積んでいて、非常に悪賢いこと、狡猾《こうかつ》なこと。

# 解説

## 《其の二》

**気障**　きざ

服装や態度、ものの言い方などが気取っていて、いやみなこと。きざわりの略。

**磊落**　らいらく

度量が広く、些《さ》細《さい》なことにこだわらないこと。語源は、たくさんの石が落ちている広い場所。

**貪婪**　どんらん

きわめて欲が深いこと。「貪」も、「婪」も、むさぼるという意味。「貪婪な知識欲」など。

**粗忽**　そこつ

軽はずみでそそっかしいようす。注意や思慮が行き届かないこと。「粗忽な振る舞い」など。

**晩稲**　おくて

普通より遅く成熟する稲、転じて、成熟が遅い人。奥手。

**懶惰**　らんだ

ものぐさ。無精。めんどうくさがり。「懶」は、ものぐさ。「惰」は、だれてしまりがないという意味。

# 問題

［動詞（ふりがなを含まず）］

- 蹌踉ける
- 甚振る
- 見縊る
- 躊躇う
- 戦慄く
- 蔓延る
- 口遊む
- 果無む
- 項垂れる
- 草臥れる
- 狼狽える
- 零落れる

← 解答は次ページ

# 解答

| | | |
|---|---|---|
| よろける | いたぶる | みくびる |
| ためらう | わななく | はびこる |
| くちずさむ | はかなむ | うなだれる |
| くたびれる | うろたえる | おちぶれる |

← 解説を次ページで確認しましょう

# 解説

## 《其の一》

### 蹌踉ける《よろける》

足もとがふらついて、転びそうになる。よろめく。

### 甚振る《いたぶる》

脅して金品をせびりとる。いじめる。ゆする。

### 見縊る《みくびる》

たいしたことはないと軽く見ること。あなどる。見さげる。

### 躊躇う《ためらう》

あれこれ考えて迷う。決心がつかなくて行動に移れない。

### 戦慄く《わななく》

恐怖・緊張・寒さなどのために体が震える。おののく。

### 蔓延る《はびこる》

草木などが伸びて広がる。よくないものの勢いが盛んになって広がる。

# 解説 《其の二》

## 口遊む《くちずさむ》

詩や歌などを心に浮かぶままに、口にしたり歌ったりする。

## 果無む《はかなむ》

はかないと思う。「世を果無む」など。

## 項垂れる《うなだれる》

心配・落胆・悲しさ・恥ずかしさなどから力なく首を前に垂れる。

## 草臥れる《くたびれる》

長く体や頭を使ったため、疲れて元気がなくなる。使い古して、みすぼらしくなる。

## 狼狽える《うろたえる》

思いがけないことに驚き、どうしてよいか分からず、まごつく。

## 零落れる《おちぶれる》

地位や財産を失い、みじめな状態になる。零落《れいらく》する。

## 問題　［形容詞（ふりがなを含まず）］

| | | |
|---|---|---|
| 太太しい | 刺刺しい | 清清しい |
| 凛凛しい | 禍禍しい | 瑞瑞しい |
| 捗捗しい | 仰仰しい | 神神しい |
| 図図しい | 女女しい | 男男しい |

← 解答は次ページ

# 解答

すがすがしい

とげとげしい

ふてぶてしい

みずみずしい

まがまがしい

りりしい

こうごうしい

ぎょうぎょうしい

はかばかしい

おおしい

めめしい

ずうずうしい

← 解説を次ページで確認しましょう

# 解説

## 《其の一》

### 清清しい《すがすがしい》

さわやかで気持ちがよい。さっぱりしている。

### 刺刺しい《とげとげしい》

言葉や表情、態度などが、かどだっている。とげ立っている。

### 太太しい《ふてぶてしい》

大胆不敵である。平然と構え、憎らしいほどずぶとい。

### 瑞瑞しい《みずみずしい》

光沢があって若々しい。若々しく新鮮である。

### 禍禍しい《まがまがしい》

悪いことが起こりそうである。縁起が悪い。不吉である。

### 凛凛しい《りりしい》

勇ましい。きりりとひきしまっている。

# 解説

## 《其の二》

### 神神しい《こうごうしい》

気高くておごそかである。神秘的で尊い。「かみがみし」の音が転じたものとされる。

### 仰仰しい《ぎょうぎょうしい》

大げさである。仰仰しいは当て字で、業業《げふげふ》、凝凝《ぎょうぎょう》などから生じたとされる。

### 捗捗しい《はかばかしい》

物事が、望ましい方向に進んでいる。打ち消しの語を伴って用いられる。

### 男男しい《おおしい》

男らしい。勇ましい。「雄雄しい」とも書く。

### 女女しい《めめしい》

柔弱である。いくじがない。ふるまいなどが、女のようである。

### 図図しい《ずうずうしい》

ずぶとく、あつかましい。図図しいは当て字とされる。

# 問題

［副詞］

- 流石
- 可惜
- 屹度
- 以為
- 加之
- 只管
- 逸早く
- 畢竟
- 陰乍ら
- 就中
- 努努
- 愈愈

← 解答は次ページ

# 解答

さすが

あたら

きっと

おもえらく

しかのみならず

ひたすら

いちはやく

ひっきょう

かげながら

なかんずく

ゆめゆめ

いよいよ

←解説を次ページで確認しましょう

# 解説

## 《其の一》

**流石《さすが》**

聞いていたとおり、本当に。期待にたがわず。そうは言うもののやはり。

**可惜《あたら》**

惜しくも。もったいないことに。「可惜好機を逃した」など。

**屹度《きっと》**

確実にそうなるだろうと予測しているさま。必ず。確かに。

**以為《おもえらく》**

考えていることには。思っているのには。

**加之《しかのみならず》**

その上に。あまつさえ。そればかりでなく。それに加えて。

**只管《ひたすら》**

ただそればかり。いちずに。ひたぶる。ただそのことだけに打ち込んでいるようす。

# 解説

## 《其の二》

### 逸早く いちはやく

他人にさきがけてすばやく。まっさきに。

### 畢竟 ひっきょう

つまるところ。つまり。結局。所詮《しょせん》。要するに。「畢」も「竟」も、終わるという意味。

### 陰乍ら かげながら

よそながら。人知れず。見えない所で、その人のためにするさま。

### 就中 なかんずく

多くの中でも特に。とりわけ。漢文訓読に由来する語で、中《なか》に就《つ》くの音変化。

### 努努 ゆめゆめ

決して。きっと。禁止の語や打ち消しの語を伴って用いられる。「努努忘れるな」など。

### 愈愈 いよいよ

とうとう。ついに。確かさが増したようす。事がもうじき起ると期待されるさま。

## ちょっと ひといき クイズ❷

## 《問題》

# 読み方が違うと、意味が変わる!?

同じ漢字を使った語句なのに、読み方が違うと意味が変わることがあります。日本語って本当に複雑ですね。

では、次の漢字の読み方と意味を考えてみましょう。

**① 名代　② 追従　③ 声明**

**④ 後生　⑤ 末期**

気になる答えは…?

## ちょっとひといき クイズ❷

## 《解 答》

① なだい……………名高いこと。
みょうだい………ある人に代わってつとめること。

② ついじゅう………人のあとに、つき従うこと。
ついしょう………こびへつらうこと。おべっかをいうこと。

③ せいめい…………ひろく自分の意見を発表すること。
しょうみょう…法要などで、僧が唱える声楽。

④ ごしょう…………死後にふたたび生まれかわること。来世。人に折り入って頼む時に使う語。
こうせい…………あとから生まれた人。後輩。

⑤ まっき……………終わりの時期。
まつご……………一生の終わり。

漢字ドリル

# 第三章

# 漢字知識【教養】編

ちょっとひといきコラム ③

# 部首の基本を知っていますか？

漢字辞典に載っている部首の数は、二百以上あり、その種類によって、七つのグループに分けられます。

漢字の左側にあるのが「偏《へん》」、右側にあるのが「旁《つくり》」、上にあるのが「冠《かんむり》」、下にあるのが「脚《あし》」。そして、漢字の上と左側を囲むのが「垂《たれ》」、左側と下を囲むのが「繞《にょう》」、それ以外の囲み方が「構《かまえ》」です。

---

最も画数の少ない部首は、もちろん「一」や「丿」などの一画。間違えやすいですが、「乙」も一画です。最も多いのは「龠《やく》」で、十七画もあります。

代表的な部首を覚えておくと、漢字を調べる時に役立ちますね。

# 問題

[部首]

| | | |
|---|---|---|
| 欠 | 歹偏 | 豕偏 |
| 雁垂 | 斗 | 頁 |
| 匚構 | 発頭 | 尸冠 |
| 平日 | 隹 | 凵繞 |

←解答は次ページ

# 解答

いのこへん

がつへん

あくび

おおがい

とます

がんだれ

しかばね かんむり

はつがしら

はこがまえ

かんにょう

ふるとり

ひらび

← 解説を次ページで確認しましょう

# 解説

## 《其の一》

### 豕偏　いのこへん

漢字の偏《へん》のひとつ。「豨《き》」「豬《ちょ》」などの「豕」の部分。

### 歹偏　がつへん

漢字の偏のひとつ。「残」「殉」などの「歹」の部分。

### 欠　あくび

漢字の旁《つくり》のひとつ。「欲」「次」などの「欠」の部分。

### 頁　おおがい

漢字の旁《つくり》のひとつ。「頭」「順」などの字の「頁」の部分。

### 斗　とます

漢字の旁のひとつ。「料」「斜」などの「斗」の部分。

### 雁垂　がんだれ

漢字の垂《たれ》のひとつ。「原」「厘」「厚」などの「厂」の部分。

# 解説

## 《其の二》

### 尸冠　しかばねかんむり

漢字の冠《かんむり》のひとつ。「屍《し》」「居」などの「尸」の部分。

### 発頭　はつがしら

漢字の頭《かしら》のひとつ。「発」「登」などの「癶」の部分。

### 匚構　はこがまえ

漢字の構《かまえ》のひとつ。「匠」「匡《きょう》」などの「匚」の部分。

### 凵繞　かんにょう

漢字の繞《にょう》のひとつ。「凶」「函《かん》」などの「凵」の部分。

### 隹　ふるとり

漢字の部首のひとつ。「雄」「隼」「雇」などの「隹」の部分。

### 平日　ひらび

漢字の部首のひとつ。「書」「曲」などの「日」を「日」と区別していうもの。

## 問題　[魚がつく魚の名前]

| | | |
|---|---|---|
| 鱒 | 鰆 | 鮪 |
| 鱧 | 鰹 | 鰊 |
| 鮃 | 鱚 | 魳 |
| 鰙 | 鰤 | 鱸 |

←解答は次ページ

# 解答

まぐろ
さわら
ます

にしん
かつお
はも

かます
きす
ひらめ

すずき
ぶり
わかさぎ

## 問題　[虫がつく虫の名前]

| | | |
|---|---|---|
| 蜻蛉 | 蠅 | 蜩 |
| 蟋蟀 | 蟻 | 蚋 |
| 虻 | 蝗 | 蜘蛛 |
| 蛞蝓 | 蟷螂 | 蛭 |

← 解答は次ページ

# 解答

ひぐらし

はえ

とんぼ

ぶよ

あり

こおろぎ

くも

いなご

あぶ

ひる

かまきり

なめくじ

## 問題　[木がつく木の名前]

| | | |
|---|---|---|
| 樟 | 槐 | 栂 |
| 樅 | 楓 | 椴松 |
| 椋 | 栴檀 | 樫 |
| 棕櫚 | 櫟 | 欅 |

← 解答は次ページ

# 解答

つが

えんじゅ

くすのき

とどまつ

かえで

もみ

かし

せんだん

むく

けやき

くぬぎ

しゅろ

## 問題　[鳥がつく鳥の名前]

| | | |
|---|---|---|
| 鷽 | 鴫 | 鶉 |
| 鷺 | 鵺 | 鶸 |
| 鵜 | 鵙 | 鶫 |
| 鸚鵡 | 鵲 | 鶺鴒 |

← 解答は次ページ

# 解答

| | | |
|---|---|---|
| うそ | しぎ | うずら |
| さぎ | ぬえ | ひわ |
| う | もず | つぐみ |
| おうむ | かささぎ | せきれい |

## 問題　［金がつく道具の名前］

| | | |
|---|---|---|
| 鍬 | 錐 | 鉋 |
| 鋸 | 鉈 | 銛 |
| 鏝 | 鑢 | 鎹 |
| 鉞 | 鉄鎚 | 鑷 |

←解答は次ページ

# 解答

かんな
きり
くわ
もり
なた
のこぎり
かすがい
やすり
こて
けぬき
かなづち
まさかり

ちょっとひといきクイズ❸

《問題》

# 知っているようで知らないものの数え方・単位

「～人」「～個」など、日ごろ何気なく使っているものの数え方。

日本語では、数の後につけて、それがどのようなものであるかを示す、助数詞がたくさんあります。

**① 重　② 梱　③ 把　④ 献**

**⑤ 輛　⑥ 幅　⑦ 旒　⑧ 軀**

**⑨ 揃　⑩ 艘**

気になる答えは…？

## ちょっとひといきクイズ❸

### 《解答》

① え……………重なったものを数える語。

② こり…………包装した荷物などを数える語。

③ わ……………束ねたものを数える語。

④ こん…………杯をさす度数を数える語。

⑤ りょう………車両などを数える語。

⑥ ふく…………掛物などを数える語。

⑦ りゅう………旗を数える語。

⑧ く……………仏像などを数える語。

⑨ そろい………一組になるものを数える語。

⑩ そう…………船を数える語。

# 第四章

## 漢字ドリル

# 漢字知識【あらかると】編

ちょっとひといきコラム ④

# 並ぶ人の話

「人」という字は、人が横向きに立った姿「」を表した象形文字です。わずか二画の単純な線で「人」を表したことが、漢字のすばらしい点で、この「人」という字に、他の要素を加えることにより、新しい字が誕生していきます。

左向きに二人が並んで歩く形「」が「从」で、これに道を行く意味の「止」と「彳」を加えた形が、「従（従）」で、「したがう」という意味になりました。

右向きの人が二人並んだ字「」は「比」で、「くらべる」という意味になりました。

# 問題

［擬態語］

| | | |
|---|---|---|
| 汲汲 | 粛粛 | 悶悶 |
| 渺渺 | 匆匆 | 眈眈 |
| 蕭蕭 | 滔滔 | 隆隆 |
| 喋喋喃喃 | 侃侃諤諤 | 唯唯諾諾 |

←解答は次ページ

# 解答

もんもん
しゅくしゅく
きゅうきゅう

たんたん
そうそう
びょうびょう

りゅうりゅう
とうとう
しょうしょう

いいだくだく
かんかんがくがく
ちょうちょうなんなん

← 解説を次ページで確認しましょう

# 解説

## 《其の一》

**悶悶**《もんもん》

悩みごとで悶《もだ》え苦しむさま。心配ごとで思い悩むようす。

**粛粛**《しゅくしゅく》

厳かで身の引きしまるようす。静かにひっそりしたさま。

**汲汲**《きゅうきゅう》

小事にあくせくと、とりまぎれているようす。ひとつの事に一心に努めるさま。

**眈眈**《たんたん》

虎などが鋭い目つきで注視するさま。転じて、野心をもって狙うようす。「虎視眈眈」など。

**匆匆**《そうそう》

あわただしいさま。忙しいさま。簡略に済ますさま。手紙の終わりに書く草々の意味も。

**渺渺**《びょうびょう》

果てしなく広いさま。遠く遥《はる》かなさま。「渺渺たる海」など。一方、「眇眇《びょうびょう》」は、小さいさま。

# 解説

## 《其の二》

**隆隆《りゅうりゅう》**

勢いの盛んなようす。逞《たくま》しく盛り上がっているさま。「筋骨隆々」など。

**滔滔《とうとう》**

水が勢いよく、また、豊かに流れるようす。弁舌がよどみなく、すらすらと話すさま。

**蕭蕭《しょうしょう》**

ものさびしいさま。ものさびしく風が吹いたり雨が降ったりするようす。

**唯唯諾諾《いいだくだく》**

自分の意見をもたず、何事にもハイハイと、ただ他人の言いなりになるようす。

**侃侃諤諤《かんかんがくがく》**

はばかることなく正しいと思う考えを主張するさま。大いに議論するようす。

**喋喋喃喃《ちょうちょうなんなん》**

男女が楽しげに語り合うようす。「喋喋」はしきりに、「喃喃」は小声で、しゃべるという意味。

## 問題

### [三字熟語]

三行半

女丈夫

美人局

十八番

案山子

好事家

微温湯

日和見

天邪鬼

外連味

居丈高

依怙地

← 解答は次ページ

# 解答

みくだりはん

じょじょうふ

つつもたせ

おはこ

かかし

こうずか

ぬるまゆ

ひよりみ

あまのじゃく

けれんみ

いたけだか

いこじ

←解説を次ページで確認しましょう

# 解説

## 《其の一》

### 三行半《みくだりはん》

江戸時代、離婚に際して、夫から妻へ交付される離縁状。三行半に書く習慣からこう呼ばれた。

### 女丈夫《じょじょうふ》

気性が強くしっかりした女性。男まさりの女。女傑《じょけつ》。

### 美人局《つつもたせ》

男が、妻や情婦に他の男を誘惑させ、それを言いがかりにして金銭をゆすり取ること。

### 十八番《おはこ》

最も得意とするもの。得意の芸。「歌舞伎十八番」の略。

### 案山子《かかし》

藁《わら》などで人の形を作り、田や畑に立てて、鳥などが作物を荒らすのを防ぐもの。

### 好事家《こうずか》

物好きな人。風流を好む人。

# 解説

## 《其の二》

**微温湯《ぬるまゆ》**

ぬるい湯。温度が低い湯。刺激や緊張のない環境を表す。

**日和見《ひよりみ》**

天気模様を見ること。物事の形勢をうかがって、有利な方につこうとすること。

**天邪鬼《あまのじゃく》**

昔話などに登場してくる想像上の妖怪。性質が素直ではなく、人に逆らう者のことをいう。

**外連味《けれんみ》**

はったりを利かせること。ごまかすこと。

**居丈高《いたけだか》**

人に対して威圧するような態度をとるさま。

**依怙地《いこじ》**

かたくなに、つまらぬことに意地を張ること。

## 問題　［四字熟語①］

傍目八目

金剛不壊

椀飯振舞

蹇蹇匪躬

阿諛追従

盤根錯節

天網恢恢

切歯扼腕

苛斂誅求

暴虎馮河

毀誉褒貶

魑魅魍魎

← 解答は次ページ

# 解答

おかめはちもく

こんごうふえ

おうばんぶるまい

けんけんひきゅう

あゆついしょう

ばんこんさくせつ

てんもうかいかい

せっしやくわん

かれんちゅうきゅう

ぼうこひょうが

きよほうへん

ちみもうりょう

← 解説を次ページで確認しましょう

# 解説

## 《其の一》

### 傍目八目　おかめはちもく

傍《はた》からの方が（囲碁で八目は先が読めることから）物事の先行きがよく分かること。

### 金剛不壊　こんごうふえ

決して壊れないくらい堅固なこと。不壊《ふえ》は、仏教用語からきた読み。

### 椀飯振舞　おうばんぶるまい

気前よく、人に物や食事を振る舞うこと。大盤振舞《おおばんぶるまい》と書かれることも。

### 蹇蹇匪躬　けんけんひきゅう

我が身をかえりみず、主君に忠節を尽くすこと。

### 阿諛追従　あゆついしょう

他人に気に入られようとして、媚びへつらうこと。「阿」はおもねる、「諛」はへつらうという意味。

### 盤根錯節　ばんこんさくせつ

わだかまっている木の根と入り組んだ節。事情が複雑で解決困難な状態、事柄。

# 解説

## 《其の二》

### 天網恢恢 てんもうかいかい

悪事を行えば、必ず天罰をこうむる。「天網恢恢 疎にして漏らさず」の形でよく使われる。

### 切歯扼腕 せっしゃくわん

歯を食いしばり、自分の腕を握りしめて、非常に憤り、悔しがること。

### 苛斂誅求 かれんちゅうきゅう

税金などを厳しく取り立てること。「斂」は集める、「誅」は責めるという意味。

### 暴虎馮河 ぼうこひょうが

虎に素手で立ち向かい、黄河を歩いて渡る意から、血気にまかせた無謀な行いをすること。

### 毀誉褒貶 きよほうへん

「毀」と「貶」は、そしりけなす。「誉」と「褒」は、ほめること。悪評と好評。

### 魑魅魍魎 ちみもうりょう

山や川に住む、いろいろな化け物、怪物。

# 問題　[四字熟語②]

画竜点睛

喧喧囂囂

揣摩臆測

乾坤一擲

片言隻語

蛙鳴蝉噪

融通無碍

玉石混淆

造次顛沛

自縄自縛

会者定離

隔靴掻痒

← 解答は次ページ

# 解答

がりょうてんせい

けんけんごうごう

しまおくそく

けんこんいってき

へんげんせきご

あめいせんそう

ゆうずうむげ

ぎょくせきこんこう

ぞうじてんぱい

じじょうじばく

えしゃじょうり

かっかそうよう

← 解説を次ページで確認しましょう

# 解説

## 《其の一》

### 画竜点睛　がりょうてんせい

竜の絵に睛《ひとみ》を入れたら、竜が天に昇ったという故事から、物事の最も大切な部分。最後の仕上げ。

### 喧喧囂囂　けんけんごうごう

多くの人がやかましく騒ぎたてるさま。「喧喧」も「囂囂」も、やかましいという意味。

### 揣摩臆測　しまおくそく

自分だけの考えで、ものごとを推し量って想像すること。当て推量。

### 乾坤一擲　けんこんいってき

「乾坤」は天地。「一擲」はサイコロなどを投げるという意味。運をかけて大勝負に出ること。

### 片言隻語　へんげんせきご

ほんのちょっとした短い言葉。「片言」も「隻語」も、わずかな言葉という意味。

### 蛙鳴蝉噪　あめいせんそう

蛙《かえる》や蝉《せみ》の騒がしい声。やかましいお喋《しゃべ》りや、下手な文章、つまらない議論をいう。

# 解説

## 《其の二》

### 融通無碍　ゆうずうむげ

行動や考え方にとらわれず、自由でのびのびしていること。「碍」は、さまたげという意味。

### 玉石混淆　ぎょくせきこんこう

優れたものと劣ったものが入り混じっていること。「混」も「淆」も、入り混じるという意味。

### 造次顚沛　ぞうじてんぱい

わずかの間。あわただしい時。とっさの場合や危急《ききゅう》の場合。

### 自縄自縛　じじょうじばく

自分の縄で自分を縛る意味。自らの言行などで身動きがとれなくなり苦しむこと。

### 会者定離　えしゃじょうり

会う者は必ず離れる運命にあるということ。人の世の無常をいった仏教用語。

### 隔靴掻痒　かっかそうよう

靴の上から痒《かゆ》いところをかいても届かないように、もどかしくじれったいこと。

# 問題　［慣用句］

薹が立つ

涙に咽ぶ

坩堝と化す

瘧が落ちる

踏鞴を踏む

掉尾を飾る

言質を取る

無聊を託つ

危殆に瀕する

御幣を担ぐ

自棄を起こす

乃公出でずんば

← 解答は次ページ

# 解答

とうがたつ

なみだに
むせぶ

るつぼ
とかす

おこりが
おちる

たたらを
ふむ

ちょうびを
かざる

げんちを
とる

ぶりょうを
かこう

きたいに
ひんする

ごへいを
かつぐ

やけを
おこす

だいこうい
でずんば

← 解説を次ページで確認しましょう

# 解説

## 《其の一》

### 薹が立つ《とうがたつ》

盛りの時期が過ぎる。野菜などの花茎が伸びると不味《まず》くなり、食べ頃を過ぎることから。

### 涙に咽ぶ《なみだにむせぶ》

涙を抑えきれず、声をつまらせて泣く。

### 坩堝と化す《るつぼとかす》

多くの人が興奮して熱狂する状態になる。「坩堝」は、物質を中に入れ、溶解などを行う耐熱容器。

### 瘧が落ちる《おこりがおちる》

熱にうかされたかのように、ある物事に夢中の状態から覚める。「瘧」は、マラリア性の熱病。

### 踏鞴を踏む《たたらをふむ》

向かった的がはずれ、勢い余って数歩あゆむ。「踏鞴」は、足で踏んで空気を送る大きなふいご。

### 掉尾を飾る《ちょうびをかざる》

物事の終わりを立派に締めくくる。「掉尾」は「とうび」とも読む。

# 解説

## 《其の二》

### 言質を取る《げんちをとる》

約束事や交渉事などで、のちに証拠となるような言葉を相手から引き出す。

### 無聊を託つ《ぶりょうをかこつ》

することがなくて、退屈な状態を嘆く。「無聊」は、退屈なという意味。

### 危殆に瀕する《きたいにひんする》

非常にあぶない状態になる。「危殆」は、あやういという意味。

### 御幣を担ぐ《ごへいをかつぐ》

占いや迷信を気にかける。「御幣」は、紙や布を切って串《くし》に挟んだもので、お祓《はら》いの時などに用いられる。

### 自棄を起こす《やけをおこす》

物事が思うようにならず、投げやりな気持ちになったり、行動をとったりすること。

### 乃公出でずんば《だいこういでずんば》

このおれがやらなければ、他のだれにできるものかという意味。自信や気負いを表す言葉。

## 問題

［故事］

舐犢の愛

驥足を展ぶ

肯綮に中る

輦轂の下

斗筲の人

椽大の筆

髀肉の嘆

滄桑の変

轍鮒の急

← 解答は次ページ

# 解答

しとくのあい

きそくをのぶ

こうけいにあたる

れんこくのもと

としょうのひと

てんだいのふで

ひにくのたん

そうそうのへん

てっぷのきゅう

← 解説を次ページで確認しましょう

# 解説

## 《其の一》

### 舐犢の愛　しとくのあい

親が子を溺愛することのたとえ。「舐」はなめる、「犢」は子牛。親牛が子牛をなめてかわいがる様子から。（後漢書《ごかんじょ》・楊彪伝《ようひょうでん》）

### 驥足を展ぶ　きそくをのぶ

才能のある人が、その能力を伸ばし、存分に発揮するたとえ。「驥」は、足の速い馬のこと。（三国志《さんごくし》・蜀志《しょくし》・龐統伝《ほうとうでん》）

### 肯綮に中る　こうけいにあたる

物事の大切な所をおさえる。急所を突く。「肯」は骨についた肉、「綮」は筋と肉がつながる部分で体の急所。（荘子《そうじ》・養生主《ようじゅしゅ》）

### 輦轂の下　れんこくのもと

天子のいる都。首都。「輦轂」は、天子の乗り物。その下ということから、都という意味に。（文選《もんぜん》・司馬遷《しばせん》の文、任少卿《じんしょうけい》に報ずるの書）

### 斗筲の人　としょうのひと

器量の小さいつまらない人物。「斗」は、一斗が入るます。「筲」は、一斗二升が入る竹器。小さな器で量れる程度の人物という意味。（論語《ろんご》・子路《しろ》）

# 解説

## 《其の二》

### 椽大の筆　てんだいのふで

すばらしい大文章のたとえ。晋《しん》の王珣《おうじゅん》が椽《たるき》のような大きな筆を与えられる夢を見た後に、堂々とした文章を書いたという故事から。（晋書《しんじょ》・王珣伝《おうじゅんでん》）

### 髀肉の嘆　ひにくのたん

実力を発揮し、功績を上げる機会のないことを嘆くこと。三国時代、蜀《しょく》の劉備《りゅうび》が、戦場に行く機会がなくなり、ももに無駄な肉がついてしまったことを嘆いた故事から。（三国志《さんごくし》・蜀志《しょくし》・先主伝《せんしゅでん》注）

### 滄桑の変　そうそうのへん

世の中が激しく変化することのたとえ。「蒼海《そうかい》変じて桑田《そうでん》となる（青々とした大海原が桑畑に変わる）」の意から。（神仙伝《しんせんでん》・麻姑《まこ》）

### 轍鮒の急　てっぷのきゅう

危険な状況がさしせまっているたとえ。車の轍《わだち》にできた水たまりにいる鮒《ふな》が、水が無くなりそうで死にそうになっていることから。（荘子《そうじ》・外物《がいぶつ》）

## ちょっとひといきクイズ❹

### 《問 題》

# 3つの漢字で1つの漢字!?

同じ漢字を複数組み合わせて構成される漢字があります。「弱」「競」「羽」など、2つの漢字の組み合わせは、案外、身近で使われます。

では、3つの漢字の組み合わせはどうでしょうか。次の漢字の読みに挑戦してみましょう。

**① 姦しい　② 轟く　③ 犇めく**

**④ 毳毳　⑤ 磊磊**

気になる答えは…?

## ちょっとひといきクイズ④

# 《解 答》

① **かしましい**……やかましい。かまびすしい。

② **とどろく**…………音が鳴りひびく。ひびきわたる。

③ **ひしめく**…………押し合って騒ぐ。一か所に集まって押し合う。

④ **けばけば**…………紙・布などの表面がこすれたりしてできる、細かい毛。

⑤ **らいらい**…………石が積み重なっているさま。物事にこだわらないさま。

# 地名・人名編

漢字ドリル

# 第五章

ちょっとひといきコラム5

# 背中合わせの人の話

左向きと右向きの人が背中合わせになっている字「」は、何でしょう?

答えは「北」で、「せなか、そむく」という意味があります。「敗北」のように、敵に背を向けて「にげる」という意味もあります。

王が儀式を行うとき、南を正面にして座ることから、王が背を向ける方向を「北」といい、「きた」の意味になりました。

このように「北」が、特に方位の意味で使われるようになったため、人の体の一部を意味する「月《にくづき》」を下につけて、「背」の字が作られました。

## 問題 [日本の名山]

| | | |
|---|---|---|
| 巻機山 | 安達太良山 | 早池峰山 |
| 武尊山 | 皇海山 | 燧ケ岳 |
| 間ノ岳 | 甲武信ケ岳 | 四阿山 |
| 鷲羽岳 | 瑞牆山 | 飯豊山 |

← 解答は次ページ

# 解答

はやちねさん（岩手県）

あだたらやま（福島県）

まきはたやま（新潟県・群馬県）

ひうちがたけ（福島県）

すかいさん（栃木県・群馬県）

ほたかやま（群馬県）

あずまやさん（長野県・群馬県）

こぶしがたけ（山梨県・埼玉県・長野県）

あいのだけ（山梨県・静岡県）

いいでさん（福島県・新潟県・山形県）

みずがきやま（山梨県）

わしばだけ（長野県・富山県）

## 問題 ［一級水系］

千代川

雄物川

仁淀川

高梁川

揖保川

雲出川

渚滑川

川内川

常呂川

肝属川

四万十川

後志利別川

← 解答は次ページ

# 解答

せんだいがわ
（鳥取県）

おものがわ
（秋田県）

によどがわ
（愛媛県・高知県）

たかはしがわ
（岡山県・広島県）

いぼがわ
（兵庫県）

くもずがわ
（三重県）

しょこつがわ
（北海道）

せんだいがわ
（熊本県・宮崎県・鹿児島県）

ところがわ
（北海道）

きもつきがわ
（鹿児島県）

しまんとがわ
（高知県・愛媛県）

しりべしとしべつがわ
（北海道）

# 問題 ［日本の名湯］

| | | |
|---|---|---|
| 湯涌温泉 | 瀬波温泉 | 夏油温泉 |
| 三朝温泉 | 小谷温泉 | 石和温泉 |
| 寸又峡温泉 | 指宿温泉 | 三丘温泉 |
| 然別湖畔温泉 | 酸ケ湯温泉 | 鹿教湯温泉 |

← 解答は次ページ

# 解答

げとうおんせん
（岩手県）

せなみおんせん
（新潟県）

ゆわくおんせん
（石川県）

いさわおんせん
（山梨県）

おたりおんせん
（長野県）

みささおんせん
（鳥取県）

みつおおんせん
（山口県）

いぶすきおんせん
（鹿児島県）

すまたきょう
おんせん
（静岡県）

かけゆおんせん
（長野県）

すかゆおんせん
（青森県）

しかりべつ
こはんおんせん
（北海道）

# 問題

## [地名(旧国名)]

因幡

播磨

豊後

近江

美作

日向

常陸

遠江

上総

陸奥

周防

伯耆

← 解答は次ページ

# 解答

いなば
（鳥取県）

はりま
（兵庫県）

ぶんご
（大分県）

おうみ
（滋賀県）

みまさか
（岡山県）

ひゅうが
（宮崎県）

ひたち
（茨城県）

とおとうみ
（静岡県）

かずさ
（千葉県）

むつ
（青森県）

すおう
（山口県）

ほうき
（鳥取県）

## 問題

［駅名］

- 八戸
- 左沢
- 鳥栖
- 小牛田
- 男衾
- 温泉津
- 美唄
- 糸魚川
- 宇出津
- 餘部
- 象潟
- 倶知安

←解答は次ページ

# 解答

はちのへ（青森県）

あてらざわ（山形県）

とす（佐賀県）

こごた（宮城県）

おぶすま（埼玉県）

ゆのつ（島根県）

びばい（北海道）

いといがわ（新潟県）

うしつ（石川県）

あまるべ（兵庫県）

きさかた（秋田県）

くっしゃん（北海道）

# 問題

［人名］

- 五十嵐
- 神津
- 居田
- 堅石
- 法倉
- 標木
- 長部
- 三枝
- 石動
- 能代
- 御手洗
- 五百旗頭

← 解答は次ページ

# 解答

いがらし

こうづ

すえた

たていし

のりくら

しめき

おさべ

さえぐさ

いするぎ

のしろ

みたらい

いおきべ

# ちょっとひといきクイズ⑤

## 《問 題》

# ちょっと一杯でリラックス！

　難読漢字に疲れたら、この辺でちょっと一杯いかがでしょう。

　お酒といえば、おいしい肴《さかな》がつきものです。中でも珍味といわれるものに、目がない人も多いのでは。

　それでは、少々難読ですが、次の珍味の読み方を知っていますか？

**① 海鼠腸　② 鱁鮧　③ 鱲子**
**④ 鯑　⑤ 鱈子　⑥ 魳**

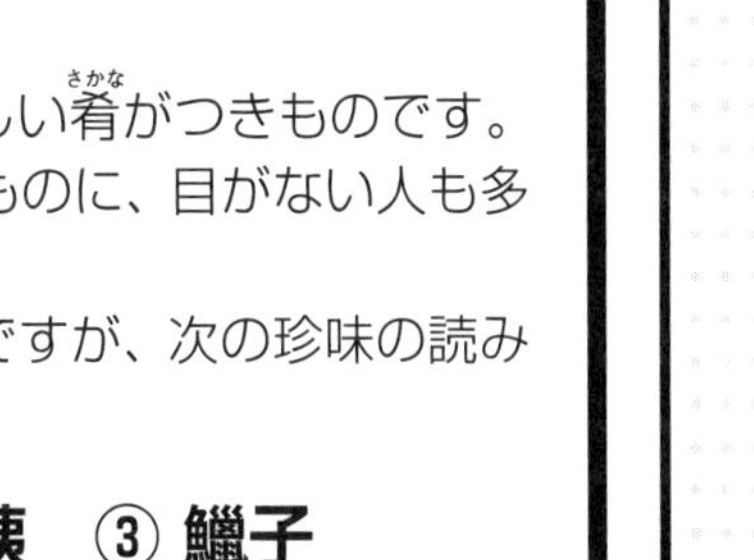

# ちょっとひといきクイズ❺

## 《解 答》

① **このわた**……ナマコの腸の塩辛。

② **うるか**…………アユの塩辛。鮎うるかともいう。

③ **からすみ**……ボラなどの卵巣を塩漬けし、塩抜きなどをした後、乾燥させたもの。

④ **かずのこ**……ニシンの卵巣を乾燥または塩漬けにしたもの。

⑤ **たらこ**…………タラの卵巣。特に、スケトウダラの卵巣を塩漬けにしたもの。

⑥ **はららご**……魚類の産卵前の卵。また、その塩漬け。特にサケのもの。

ちょっと ひといき コラム ⑥

# 正面を向く人の話

二人の「人」が、左向きに並ぶのが「従（從）」、右向きに並ぶのが「比」、お互いに背を向けるのが「北」でした。

　これに対し、手足を広げて正面を向いて立つ字「」が「大」です。「おおきい、さかん、すぐれる」などの意味に使われます。

　この「大」の上に、大きな頭をつけた字「」が、「天」です。人の体の中で一番高いところにある頭という「天」から、空の「天」という意味になりました。

　また、「大」の頭の髷《まげ》に簪《かんざし》を通した字「」が、「夫」です。結婚式で、髷に簪をさして正装している男性を表しており、これが「おっと」という意味になりました。

# 参考文献


「広辞苑」（岩波書店）
「大辞林」（三省堂）
「日本古典文学大事典」（明治書院）
「日本 架空伝承 人名事典」（平凡社）
「人物レファレンス事典」(日外アソシエーツ)
「新潮日本文学辞典」（新潮社）
「普及版 歌舞伎登場人物辞典」（白水社）
「古典文学作品名辞典」（日外アソシエーツ）
「歌舞伎・浄瑠璃外題辞典」（日外アソシエーツ）
「日本怪異妖怪大事典」（東京堂出版）
「日本民俗大辞典」（吉川弘文館）
「日本歴史大事典」（小学館）
「現代用語の基礎知識2008年版付録
12ヵ月のきまりごと歳時記 五感でたのしむ季節の事典」（自由国民社）
「年中行事大辞典」（吉川弘文館）
「四季のしきたり作法」（枻出版）
「季節のお作法　季節を楽しむ伝統的な日本の暮らし」（中経出版）
「季節の366日話題事典」（東京堂出版）
「精進料理辞典」（東京堂出版）
「おいしい和食の大事典200」（成美堂出版）
「たべもの語源辞典」（東京堂出版）
「世界宗教用語大事典」（新人物往来社）
「日本宗教事典」（弘文堂）
「歴史民俗用語辞典」（日本アソシエーツ）
「大修館 四字熟語辞典」（大修館書店）
「源氏物語の謎」（増淵勝一/国研ウェブ文庫）
「漢字源」（学習研究社）
「故事ことわざ・慣用句辞典」（三省堂）
「四字熟語の辞典」（三省堂）
「何でも読める難読漢字辞典」（三省堂）
「白川静さんに学ぶ 漢字は楽しい」（共同通信社）

# 参考文献


「歌舞伎への誘い　～歌舞伎鑑賞の手引き～」

http://www2.ntj.jac.go.jp/unesco/kabuki/jp/

「歌舞伎美人 かぶきびと」

http://www.kabuki-bito.jp

「京都観光オフィシャルサイト 京都観光Navi」

http://kanko.city.kyoto.lg.jp/

「難読語辞典　weblio辞典」

http://weblio.jp/category/dictionary/nndgj

「文京区ナビ」　http://文京区ナビ.wa28.net

「古文辞典　weblio辞典」　http://kobun.weblio.jp/

「語源由来辞典」　http://gogen-allguide.com/

「日本語俗語辞典」　http://zokugo-dict.com/

「コトバンク」　https://kotobank.jp/

「故事ことわざ辞典」　http://kotowaza-allguide.com

「健康と温泉フォーラム」　http://onsen-forum.jp

「国土交通省　国土地理院」　http://www.gsi.go.jp

「ウィキペディア」　https://ja.wikipedia.org

「日本漢字能力検定」　http://www.kanken.or.jp/kanken/

「漢字カフェ」　http://www.kanjicafe.jp

「ジャパンナレッジ」　http://www.japanknowledge.com

「漢字ペディア」　http://kanjipedia.jp

本書は当社「難読漢字ドリル」（2014年7月発行）を再編集し、
書名を変更したものです。

〈制作協力〉
黒田　真弓
大塚　千恵子
渡部　一好

〈デザイン〉
株式会社 COS

# 大人の教養　漢字ドリル
## 漢字知識 と 地名・人名

編　　つちや書店編集部
発行者　櫻井　英一
発行所　株式会社 滋慶出版／つちや書店
〒100-0014 東京都千代田区永田町2-4-11
TEL 03-6205-7865　FAX 03-3593-2088
MAIL shop@tuchiyago.co.jp
印刷・製本　日経印刷株式会社



この本に関するお問合せは、書名・氏名・連絡先を明記のうえ、上記のFAXおよびメールアドレスへお寄せください。なお、電話でのご質問はご遠慮くださいませ。またご質問内容につきましては「本書の正誤に関するお問合わせのみ」とさせていただきます。あらかじめご了承ください。

http://tuchiyago.co.jp